Come Gestire le Recensioni Negative

Manuale Pratico per Baristi e Ristoratori

di Danilo Cimino

www.cosedicomputer.com

"I clienti che si lamentano sono i migliori amici dell'impresa."

(Philip Kotler)

"Il cliente può licenziare tutti nell'azienda, dal presidente in giù, semplicemente spendendo i suoi soldi da un'altra parte."

(Sam Walton)

"Non è l'azienda che paga i salari. L'azienda semplicemente maneggia il denaro. È il cliente che paga i salari."

(Henry Ford)

I diritti d'autore su quest'opera appartengono a Danilo Cimino.

I marchi rappresentati in quest'opera sono di esclusiva proprietà dei rispettivi proprietari.

INTRODUZIONE 1
COME SCELGONO I CLIENTI DI OGGI 6
IL GIUSTO NUMERO DI PALLINI 10
PERCHÉ MONITORARE LE RECENSIONI 14
DOVE VENGONO LASCIATE LE RECENSIONI? 19
GOOGLE 20
FACEBOOK 23
TRIPADVISOR 27
COME RACCOGLIERE LE RECENSIONI 30
OTTENERE IL LINK PER LE RECENSIONI GOOGLE 37
OTTENERE IL LINK PER LE RECENSIONI FACEBOOK...... 40
OTTENERE IL LINK PER LE RECENSIONI TRIPADVISOR. 42
COME NON RACCOGLIERE LE RECENSIONI 44
DOVE RACCOGLIERE LE RECENSIONI 46
COSA FARE QUANDO RICEVI UNA RECENSIONE NEGATIVA 48
QUALI RECENSIONI PUOI SEGNALARE 53
SEGNALARE LE RECENSIONI GOOGLE.............................. 60
SEGNALARE LE RECENSIONI FACEBOOK 63
SEGNALARE LE RECENSIONI TRIPADVISOR 65
RISPONDERE ALLA RECENSIONI NEGATIVE.................... 67
COME NON RISPONDERE ALLE RECENSIONI NEGATIVE 71
ESEMPI DI RISPOSTE A RECENSIONI NEGATIVE 73
VADEMECUM 83
CONCLUSIONI 93

INTRODUZIONE

Ti sarà sicuramente capitato di ricevere qualche recensione negativa. Il fatto che sia giustificata o meno non ha alcuna importanza: una recensione negativa spesso rappresenta una macchia indelebile per la reputazione di un'impresa. La questione è molto sentita, soprattutto per le attività con grossi volumi di clientela casuale.

Con l'avvento dei social network le persone si stanno sempre di più polarizzando in gruppi ben distinti che discutono (o meglio si insultano a vicenda) a colpi di commenti su un post, senza nemmeno prendere in esame le argomentazioni della controparte. Faccio solo qualche esempio: femministe contro antifemministi, no vax contro pro vax, gay contro conservatori, giovani contro anziani. Basta anche solo un commento male interpretato per generare decine di reazioni da parte dei due gruppi antagonisti. Un vero e proprio putiferio alimentato soprattutto dal fatto di non vedersi in faccia.

Il mondo è cambiato. Prima del 2007 (l'anno in cui Apple ha introdotto il primo iPhone) si usciva di casa con in tasca un telefono in grado al massimo di inviare e ricevere SMS. Ora invece puoi tirare fuori dalla tasca un computer miniaturizzato al quale puoi chiedere qualunque cosa, anche indicarti il miglior bar o il miglior ristorante della zona.

I clienti sono cambiati di conseguenza: hanno a portata di tasca tutte le informazioni possibili ed immaginabili, cercano il prodotto migliore al prezzo più basso e lo vogliono subito. La loro scelta ormai si basa quasi esclusivamente sulle recensioni lasciate da altri utenti. Questo ha generato una vera e propria guerra tra due categorie distinte: i clienti ed i titolari di attività di ristorazione. Basta andare a guardare i forum di Tripadvisor per leggere decine di reclami di clienti stufi di essere infangati dai ristoratori. Andando invece su siti dedicati a questi ultimi, puoi leggere le lamentele della controparte: ristoratori che affermano che Tripadvisor è fraudolento e che andrebbe chiuso senza se e senza ma.

Se ti lamenti regolarmente contro Tripadvisor o siti simili sappi che stai solamente perdendo tempo prezioso che potresti usare in modo molto più costruttivo. La lamentela è un approccio distruttivo che non serve a nulla, se non come sfogo temporaneo.

Come fare dunque a gestire le recensioni infamanti? E' molto semplice: devi curare il più possibile la tua immagine su internet. Si, lo so: devi lavorare, hai poco tempo... purtroppo però se ricevi molte recensioni negative sei quasi sicuramente destinato ad avere meno clienti. Inoltre il tempo da investire è meno di quanto immagini.

In questo libro ti parlerò del cliente moderno e di come ragiona quando deve scegliere un bar o un ristorante. Poi passeremo alla parte pratica. Ti spiegherò come fare a sfruttare le recensioni negative a tuo vantaggio, come segnalare le recensioni scritte da clienti psicopatici e come rispondere in modo corretto. L'ultima parte, il vademecum, è un distillato di tutto il contenuto di questo libro, una specie di "Bignami" pratico da tenere a portata di mano quando dovrai gestire queste benedette recensioni.

Nei paragrafi che ti spiegano come compiere determinate operazioni (ad esempio segnalare una recensione inappropriata) ti indicherò delle procedure da seguire. Le procedure sono abbastanza dettagliate ma prendile solo come mero riferimento: le interfacce di Google, Facebook e Tripadvisor cambiano di frequente. Oltre alle procedure, cambiano molto di frequente anche le condizioni d'uso ed i regolamenti. Quindi mi scuso in anticipo nel caso in cui dovessi trovare una serie di passaggi che non corrispondono a quello che vedi quanto tenti di metterli in opera. Se succede cerca su Google la procedura aggiornata: non sono solo i tuoi clienti ad avere a disposizione tutte le informazioni del mondo a portata di tasca.

Buon lavoro!

COME SCELGONO I CLIENTI DI OGGI

Dopo la seconda guerra mondiale è iniziato in Italia un alacre lavoro di ricostruzione. Un momento ottimo per qualunque tipo di impresa: c'era molta domanda e pochissima offerta. La gente aveva bisogno di tutto: cibo, vestiti, libri, eccetera e ne aveva bisogno nel luogo più vicino a casa propria (le automobili erano roba per ricchi). Bastava aprire un negozio qualunque per avere una clientela assicurata. Il cliente andava sempre nel negozio più vicino a casa propria.

Criterio di scelta: prossimità

Con l'avvento della motorizzazione di massa i clienti hanno cominciato ad affidarsi al passaparola. Potendo raggiungere altri centri abitati chiedevano ai propri amici quale fosse il posto migliore per acquistare un determinato articolo.

Criterio di scelta: distanza + reputazione

Con l'avvento degli smartphone c'è stata una nuova rivoluzione. I clienti sono sempre più informati. Mi è capitato diverse volte di chiedere informazioni al commesso di un negozio di computer e rendermi conto che ne sapevo più di lui. Inoltre c'è molta più offerta: ci sono JustEat, Glovo, Deliveroo e altre app grazie alle quali è possibile ordinare del cibo senza nemmeno alzarsi dalla sedia.

Ora immagina questo scenario. Sono a Madrid ed è l'ora di pranzo. Sono un turista, non conosco bene il posto, non parlo lo spagnolo e non so a chi chiedere. Naturalmente non voglio farmi fregare dalle solite trappole per turisti, non voglio mangiare schifezze e non voglio pagare più del necessario per sfamarmi dignitosamente. Cosa fare? La soluzione più facile è quella di tirare fuori il cellulare dalla tasca e cercare un posto su Tripadvisor.

Ecco una caratteristica peculiare del cliente moderno: ha in tasca un oggetto attraverso il quale ha accesso istantaneo a qualunque tipo di informazione. Gli utenti vengono continuamente bombardati dalla pubblicità e cominciano a non sopportarla più. Tutti i gestori di bar e ristoranti affermano di avere il cibo migliore, la qualità più alta ed il servizio più cordiale, quindi la gente non ci crede più. E su cosa basa la propria scelta? Su informazioni che ritiene essere imparziali.

Criterio di scelta: recensioni di altri utenti

Non c'è scampo. Se percepisci Tripadvisor o altri portali simili come tuoi nemici sappi che stai sbagliando completamente approccio: questi portali non sono affatto tuoi nemici. Sono strumenti preziosissimi che possono aiutarti a correggere alcuni aspetti della tua attività per poterla migliorare costantemente. Se gestiti correttamente, possono portarti clienti a iosa senza spendere nemmeno un euro di pubblicità. Tutto quello che ti serve per riuscirci è:

1. Monitorare costantemente le recensioni

2. Segnalare le recensioni inappropriate

3. Individuare i punti di debolezza della tua attività grazie alle recensioni negative

4. Rispondere in modo adeguato

Ad ognuno di questi punti sono dedicati uno o più paragrafi di questo libro, contenenti istruzioni pratiche ed esempi per consentirti di mettere in campo da subito le azioni più appropriate.

IL GIUSTO NUMERO DI PALLINI

Torniamo al nostro turista a Madrid. Ha aperto l'app di Tripadvisor, ha premuto sul tasto dei ristoranti e poi sul tasto "lunch" (pranzo). Gli compare una schermata più o meno somigliante a quella della figura 1.

Ho volutamente cancellato i nomi dei ristoranti. Intanto ti dò un'informazione fondamentale: il cervello umano elabora molto più velocemente le immagini rispetto ai testi. Le persone hanno sempre meno tempo e cercano gratificazione immediata. La cosa alla quale il nostro turista presterà subito attenzione sono i 5 pallini verdi messi immediatamente sotto al nome.

Il primo ristorante della lista verrà quasi sicuramente scartato: è sponsorizzato. Ha pagato per essere piazzato lì, quindi il grado di affidabilità è zero (si: pagare per la pubblicità su Tripadvisor è una pessima idea).

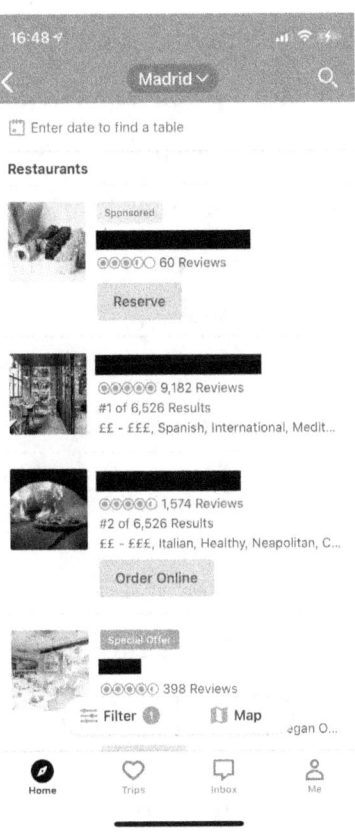

Figura 1

Il secondo ha 5 pallini pieni e più di 9.000 recensioni: un po' sospetto. Sembra quasi che siano finte o che il ristorante rimuova quelle negative. Avranno qualcosa da nascondere? Boh... andiamo avanti.

Il terzo ha 4 pallini e mezzo. Non ci sono troppe recensioni e questo fa pensare che siano tutte autentiche. Il turista va subito a leggere le recensioni negative. Non biasimarlo: gli esseri umani danno molto più peso alle informazioni negative che a quelle positive.

Scopre che il ristorante non risponde alle recensioni negative. Male, molto male! Gli lasciano una recensione negativa e nemmeno rispondono? Ma chi si credono di essere? Non ci tengono proprio ai loro clienti! Torniamo alla lista e cerchiamo un altro posto...

Ovviamente i clienti non sono tutti uguali. E' un esempio inventato di sana pianta ma che rende benissimo l'idea dei pensieri che si fa venire in testa una persona quando deve scegliere te piuttosto che un tuo concorrente nella stessa zona. Paradossalmente, gli utenti hanno pochissimo tempo ma sono disposti a leggere una buona manciata di recensioni: vogliono vivere

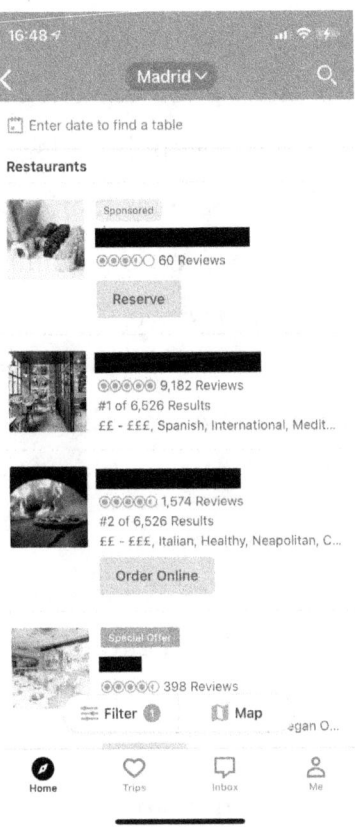

Figura 1

Il secondo ha 5 pallini pieni e più di 9.000 recensioni: un po' sospetto. Sembra quasi che siano finte o che il ristorante rimuova quelle negative. Avranno qualcosa da nascondere? Boh... andiamo avanti.

Il terzo ha 4 pallini e mezzo. Non ci sono troppe recensioni e questo fa pensare che siano tutte autentiche. Il turista va subito a leggere le recensioni negative. Non biasimarlo: gli esseri umani danno molto più peso alle informazioni negative che a quelle positive.

Scopre che il ristorante non risponde alle recensioni negative. Male, molto male! Gli lasciano una recensione negativa e nemmeno rispondono? Ma chi si credono di essere? Non ci tengono proprio ai loro clienti! Torniamo alla lista e cerchiamo un altro posto...

Ovviamente i clienti non sono tutti uguali. E' un esempio inventato di sana pianta ma che rende benissimo l'idea dei pensieri che si fa venire in testa una persona quando deve scegliere te piuttosto che un tuo concorrente nella stessa zona. Paradossalmente, gli utenti hanno pochissimo tempo ma sono disposti a leggere una buona manciata di recensioni: vogliono vivere una bella esperienza e sono disposti ad investire tempo per raggiungere questo risultato.

Non ha importanza che tu sia davvero il miglior bar o ristorante della zona. Quello che conta davvero è essere **<u>percepito</u>** come il migliore attraverso la tua reputazione su internet. Per raggiungere una reputazione alta devi fare due cose:

1. Ottenere un numero di pallini vicino al massimo ma non troppo

2. Rispondere in modo corretto alle recensioni negative

Il resto di questo manuale è dedicato al raggiungimento di questi due obiettivi.

PERCHÉ MONITORARE LE RECENSIONI

Le recensioni sono uno strumento utilissimo per capire quali siano i punti di forza ed i punti di debolezza della tua attività. Se sei uno di quelli che non danno peso al giudizio dei clienti, si impermaliscono per le lamentele o pensano "chi se ne frega, tanto è un turista, chi lo rivede" dovresti immediatamente cambiare atteggiamento.

E' stato possibile fregarsene (in parte) del giudizio dei clienti solo fino al 2007. Ora però ci sono gli smartphone: se tratti male un cliente sei destinato a pagarla a caro prezzo. Sappi che un cliente insoddisfatto andrà quasi certamente a sfogare la sua rabbia scrivendo recensioni negative su qualunque piattaforma possibile.

Le persone sono pigre: nessuno fa nulla a meno che non abbia una motivazione valida. La motivazione può provenire da un'emozione e la rabbia (motivata o meno) è un'emozione fortissima che può spingere anche l'utente più pigro del mondo a dedicare una considerevole quantità di tempo ad infangare la tua attività su internet.

Una conseguenza importante di tutto ciò è che non puoi aspettarti che un tuo cliente ti lasci spontaneamente una recensione positiva. Al contrario, aspettati di ricevere solo recensioni negative. Non puoi fare lo struzzo: non puoi ficcare la testa sotto la sabbia ed ignorare il problema. Se lo fai sei destinato ad accumulare sempre più recensioni negative. Più ne accumuli e più il numero di pallini si allontana da quello ideale. La soluzione è:

1. Raccogliere le recensioni...

2. ...e monitorarle costantemente

Per raccogliere recensioni devi dare in cambio

ai tuoi clienti un incentivo (più avanti ti spiegherò come fare). Il monitoraggio delle recensioni deve servire a correggere i problemi della tua attività. Per farti capire cosa intendo ti faccio un esempio che mi è capitato personalmente.

Qualche tempo fa ho alloggiato in un ostello fantastico. Economico, pulitissimo, ambiente multiculturale, completamente ristrutturato e c'era persino il giardino. Esco verso le 11:30, faccio un giro per la città e all'ora di pranzo scopro di aver dimenticato il portafogli in camera. Torno all'ostello e trovo la porta sbarrata. Chiedo spiegazioni alla reception e mi rispondono a muso duro: "dalle 12 alle 15 l'accesso alle camere è vietato, dobbiamo pulire".

La sera parlo col proprietario, che conosco personalmente, e faccio presente il problema. Mi risponde che non gliene frega nulla, che deve pulire e che sono i suoi clienti a doversi adattare alle sue procedure e non viceversa. Vado su Tripadvisor e scopro che il numero di pallini di quel posto era tre e mezzo. C'erano diverse recensioni negative e tutti si lamentavano della stessa cosa: la chiusura delle camere dalle 12 alle 15.

Ecco qual era il problema principale di questo ostello. Il proprietario ha deciso di fare lo struzzo senza nemmeno pensare ad un modo per risolvere il problema, magari trovando un compromesso. Sta a te decidere come comportarti: se fai lo struzzo i pallini si allontanano dal numero ideale. Se risolvi i problemi i pallini si avvicinano al numero ideale.

Non è necessario che tu legga ogni giorno le recensioni. La cosa importante è che tu le legga costantemente. Vedremo più avanti che è importante rispondere ad una recensione negativa entro breve tempo (massimo 72 ore). Ti suggerisco pertanto di dedicare almeno un'ora al giorno durante 3 giorni alla settimana a leggere ed a rispondere alle recensioni negative. Per quanto tu possa essere occupato/a non credo che tu non riesca in alcun modo a trovare 180 minuti alla settimana. Fai un patto solenne con te stesso ed impegnati a non sgarrare mai: c'è in gioco la reputazione della tua attività.

DOVE VENGONO LASCIATE LE RECENSIONI?

Abbiamo visto l'importanza del monitoraggio delle recensioni. Ora vediamo dove andarle a trovare. Le piattaforme da tenere in considerazione sono sostanzialmente 3:

- Google

- Facebook

- Tripadvisor

La tua attività potrebbe essere già presente su queste piattaforme. Se lo è già puoi rivendicarla seguendo le apposite procedure. Se non lo è devi inserirla: ti serve farlo (anche se non pubblichi contenuti) per raccogliere le recensioni degli utenti e poterle monitorare con facilità.

GOOGLE

Chiunque può aggiungere un'attività su Google: basta andare su Google Maps, cliccare col tasto destro ed aggiungere un luogo mancante, fornendone il nome e la categoria (ad esempio Cibi e bevande / Caffetteria). Da quel momento in poi chiunque potrà inserire informazioni sull'attività: foto, orari, giorni di apertura e (cosa più importante) recensioni.

L'aggiunta di un luogo o di una recensione non può avvenire in forma anonima: bisogna avere un account Google per farlo, per cui l'identità di chi ti recensisce sarà pubblica. Invece di usare i pallini, Google utilizza le stellette. Vale lo stesso discorso fatto per Tripadvisor: il numero ideale di stellette su Google è compreso tra 4 e 5.

Se la tua attività già compare su Google puoi rivendicarla in due modi:

- Attraverso Google My Business, il servizio di Google dedicato all'indicizzazione delle imprese

- Attraverso Google Maps

La procedura è spiegata benissimo nei minimi dettagli sulle pagine di assistenza di Google, per cui ti rimando alla pagina ufficiale:

```
https://support.google.com/
business/answer/2911778
```

Se hai la versione PDF o cartacea di questo libro e non puoi cliccare sul link riportato sopra, cerca "rivendicare attività su google". Non ti riporto io i passaggi perché cambiano di frequente e rischierei di indicarti una procedura obsoleta.

Per monitorare al meglio le recensioni ti consiglio di scaricare ed installare sul tuo smartphone l'app Google My Business: ti consente di monitorare facilmente la tua attività su Google.

FACEBOOK

Le attività vengono gestite da Facebook attraverso le pagine. Una pagina è come un account utente: puoi pubblicare foto, testi e video. Per ogni pagina è possibile specificare la categoria, ad esempio "Ristorante" o "Caffetteria". A seconda della categoria è possibile inserire alcune informazioni specifiche. Ad esempio bar e ristoranti possono inserire la fascia di prezzo. Ogni pagina può ricevere delle recensioni ma il meccanismo funziona in modo diverso rispetto a Google e Tripadvisor: non è possibile attribuire un certo numero di pallini o stellette. Gli utenti possono solo raccomandare o meno l'attività. Facebook chiede: "Consigli il ristorante X?" e dà la possibilità di rispondere "Si" o "No" (vedi figura 2).

In entrambi i casi Facebook chiede all'utente di inserire almeno 25 caratteri e gli suggerisce alcuni spunti (vedi figura 3). Il testo è facoltativo,

Figura 2

potresti ritrovarti quindi ad avere raccomandazioni negative senza testo.

Facebook farà poi una media e mostrerà un numero compreso tra 1 e 5, senza stellette o altre indicazioni visuali. Il punteggio ideale in questo caso è compreso tra 4,5 e 5.

Facebook crea automaticamente pagine non gestite da nessuno per luoghi che vengono indicati dagli utenti. Ad esempio: se un utente indica di lavorare alla Sartoria dell'Orso (nome di fantasia che ho inventato ora) Facebook crea una pagina chiamata "Sartoria dell'Orso". Inol-

Figura 3

tre setaccia regolarmente il web a caccia di attività o luoghi che ancora non sono stati inseriti.

Se non hai ancora una pagina Facebook, aprila ed inserisci tutte le informazioni che ti vengono richieste. Se la tua attività ha una pagina creata in automatico devi assolutamente rivendicarla. Le pagine create in questo modo sono chiaramente indicate come tali. Se un utente cerca il tuo ristorante ed incappa in una di queste pagine avrà subito un'impressione negativa ("ma come, abbiamo PC e cellulari già da 20 anni ed ancora questi non hanno la pagina Facebook? Sto posto dev'essere gestito da cani!"). Ecco il link alla pagina dell'assistenza di Facebook che ti spiega come fare a rivendicare l'attività:

```
https://www.facebook.com/help/
        168172433243582
```

Puoi anche cercare su Google "rivendicare pagina Facebook".

TRIPADVISOR

Eccoci arrivati alla "bestia nera": Tripadvisor, il peggior nemico di baristi e ristoratori (o perlomeno di quei baristi e ristoratori allergici alle novità tecnologiche). Che ti piaccia o no, Tripadvisor è un'ottima idea. Ha dato agli utenti l'opportunità di evitare fregature da parte di gestori poco onesti, che prima dell'avvento di questa piattaforma potevano contare sul fatto di non poter essere segnalati da nessuna parte.

Ci sarebbe da scrivere un'intera enciclopedia sulle polemiche che hanno investito questa piattaforma. Io non ho alcuna voglia di farlo. Ti ho già spiegato il mio punto di vista: non puoi combatterlo e non ha senso farlo. Ti conviene concentrarti esclusivamente su come sfruttare Tripadvisor per guadagnare nuovi clienti. Se non hai già una scheda per la tua attività puoi crearla a questa pagina:

```
https://www.tripadvisor.it/
GetListedNew
```

Oppure cerca "aggiungere attività su Tripadvisor". Per rivendicare un'attività già presente puoi invece cercare "rivendicare attività su Tripadvisor" o usare questa pagina:

```
https://www.tripadvisor.it/
ShowTopic-g1-i24431-k12549548-
Rivendicare_un_attivita-
Supporto_Tecnico.html
```

Una differenza fondamentale tra Tripadvisor e Facebook o Google sta nel fatto che è possibile lasciare recensioni anonime. Giusto o sbagliato che sia, gli utenti sono molto più incentivati a lasciare una recensione se possono farlo in totale anonimato, per motivi più che comprensibili.

Se chiedi ad un cliente: "tutto a posto?", nel 99% dei casi ti risponderà "si, grazie". Ci vuole un carattere piuttosto forte per avere il coraggio di dirti in faccia che la tua pizza è troppo salata. E' molto più facile andare su Tripadvisor e lasciare una recensione negativa in totale anonimato.

COME RACCOGLIERE LE RECENSIONI

Abbiamo visto che per raccogliere recensioni negative non bisogna fare alcuno sforzo: arrivano da sole dai clienti insoddisfatti. Se un cliente è sufficientemente arrabbiato avrà la giusta leva motivazionale per far sapere al mondo quanto sia pessimo il tuo locale.

Le recensioni positive non vengono lasciate quasi mai spontaneamente perché manca all'utente la giusta leva motivazionale: l'aver mangiato bene non innesca un sentimento abbastanza forte da indurre l'utente a lasciare una recensione positiva (o almeno non sempre).

Ecco qualche suggerimento utile per raccogliere le recensioni.

Metodo 1: farsi lasciare la mail dal cliente ed inviargli uno sconto dopo aver la-

sciato la recensione

Vantaggio: è probabile che il cliente accetti, purché lo sconto sia abbastanza elevato. Se il tuo scontrino medio è di 25 euro non offrire uno sconto di 50 centesimi (come fa il mio ristorante giapponese preferito): i clienti ti rideranno in faccia.

Svantaggio: devi preparare (o farti preparare) un sito o un modulo online dedicato allo scopo, quindi investire tempo e/o denaro. Inoltre questa pratica è vietata da Tripadvisor: secondo le loro linee guida non puoi offrire incentivi in cambio di recensioni. Onestamente però è un po' difficile essere scoperti, a meno che tu non offra questo incentivo in modo molto aggressivo ed eclatante.

Consiglio: Se ti è possibile non usarlo, o perlomeno usalo con parsimonia.

Metodo 2: chiedere al cliente di lasciare una recensione al momento del pagamento

Vantaggio: metodo applicabile subito senza alcuno sforzo.

Svantaggio: funziona solo se il cliente si è trovato bene nel tuo locale: solo così avrà la giusta leva motivazionale.

Consiglio: applica questo metodo sempre e comunque ma abbi cura di chiedere la recensione solo se il cliente è soddisfatto. Per migliorare la possibilità che il cliente ti lasci davvero la recensione potresti preparare dei biglietti da visita con un codice QR. Le persone adorano giocare e questo è un piccolo giochetto che molti faranno volentieri. Il codice QR è un'immagine che può essere fotografata con uno smartphone e che rimanda ad una pagina web (vedi figura 4). Te ne riporto subito un esempio: inquadralo col cellulare e guarda quello

Figura 4

che succede: il modo migliore per capire cosa fa è provarlo dal vivo.

Per generare un codice QR ti consiglio di usare un qualunque strumento gratuito disponibile cercando "generatore codice qr" oppure di andare a questo indirizzo:

```
https://qrcode.tec-it.com/it/Url
```

Metodo 3: inserire un promemoria nel menu, nel porta conto o sullo scontrino

Vantaggio: metodo veloce e facile da realizzare.

Svantaggio: ritorno generalmente scarso.

Consiglio: applica questo metodo sempre e comunque. Ti consiglio anche in questo caso di usare un codice QR. Stampare un QR o un'informazione aggiuntiva sul tuo menu, sul tuo porta conto o sullo scontrino non ti costa niente.

Questi sono solo alcuni dei metodi che puoi usare. Conosci sicuramente meglio di me il tuo locale e la tua clientela: ciò che funziona per un'attività potrebbe non funzionare affatto per un'altra. Ora che hai capito l'importanza delle recensioni, comincia di tanto in tanto a riflettere su come fare a raccoglierne il più possibile: vedrai che prima o poi ti verrà in mente l'idea giusta. L'importante è che tu tenga presente il discorso della leva motivazionale ed il fatto che Tripadvisor vieta le recensioni incentivate.

Oltre al fatto di essere divertente e moderno, ti consiglio di usare un QR per altri due motivi:

1. Le persone sono pigre. Se metti nel porta conto una scritta "lasciaci una recensione su Tripadvisor" il cliente dovrà aprire l'app (ammesso che l'abbia installata, altrimenti dovrà aprire il browser), cercare il tuo locale e lasciare la recensione. Con il QR elimini questi passaggi ed il cliente ti sarà grato/a per avergli fatto risparmiare tempo

2. Puoi cambiare il codice in ogni momento a seconda delle tue esigenze. Quello che ti serve è un "sistema di raccolta delle recensioni" basato su uno o più dei metodi che ti ho elencato. Con il codice QR potrai in ogni momento dirottare le recensioni su un'altra piattaforma

Il QR dovrà contenere un link che consenta di lasciare una recensione sulla piattaforma target nel modo più veloce possibile, senza inutili passaggi intermedi. Nei prossimi paragrafi ti spiegherò come ottenere il link migliore a seconda della piattaforma.

OTTENERE IL LINK PER LE RECENSIONI GOOGLE

Se hai già scaricato l'app Google My Business, aprila e scorri in basso fino a raggiungere la sezione "ottieni altre recensioni". Poi tocca su "Condividi profilo" e poi su "Copia" (vedi figura 5).

Incolla il testo da qualche parte (ad esempio dentro ad una nota sul cellulare) e ti comparirà un testo simile:

```
Gipsysoft Pisa vorrebbe ricevere
il tuo feedback. Pubblica una re-
censione nel nostro profilo.
```

`https://g.page/gipsysoft/review``?gm`

La parte in grassetto è il link da inserire nel tuo codice QR o sul tuo sito web. Cliccandolo o toccandolo comparirà una schermata che chiede di lasciare un certo numero di stellette ed il te-

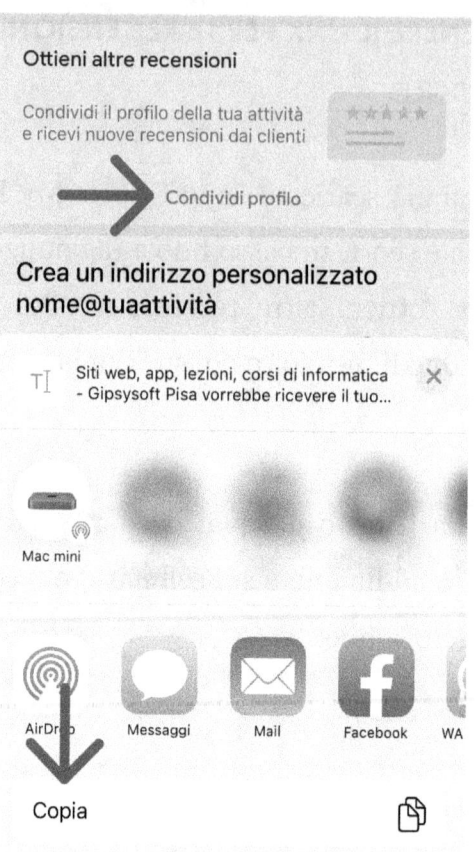

Figura 5

sto della recensione (vedi figura 6). L'utente deve fare la login al proprio account Google (che non consente recensioni anonime) ma generalmente la maggior parte di loro è già autenticata.

Figura 6

Puoi anche condividere questo testo su Whatsapp, Facebook o via email (utile se vuoi far recensire il tuo locale a distanza).

La procedura che ti ho illustrato si riferisce ad un iPhone ma è sostanzialmente identica anche su Android. Puoi fare la stessa cosa al PC dopo aver effettuato l'accesso al sito web Google My Business, i passaggi sono praticamente identici.

OTTENERE IL LINK PER LE RECENSIONI FACEBOOK

Lo scopo principale di Facebook non è raccogliere recensioni, per cui questo social non fornisce un collegamento rapido per lasciarne una. Puoi però dare all'utente un link in cui sono mostrate tutte le recensioni del tuo locale. Sarà poi l'utente a dover cliccare sul tasto apposito per lasciarne una.

Per ottenere questo link apri Facebook dal tuo PC o dal browser del tuo cellulare. "Dal browser" vuol dire che su iPhone devi aprire Safari mentre su Android devi aprire Google Chrome, per poi digitare `facebook.com` nella barra dell'indirizzo ed effettuare l'accesso (purtroppo non puoi usare l'app per smartphone per ricavare il link che ti serve).

Fatto ciò, clicca sulla tua pagina (dovresti avere l'elenco delle pagine che gestisci sulla sinistra se sei collegato con un PC. Se non la trovi cercala usando l'apposito campo in alto a sinistra). Sotto all'immagine profilo troverai una serie di sezioni. Quella che ti interessa si chiama "recensioni". Se non la trovi subito clicca a destra su "Altro": ti comparirà un menu a discesa in cui troverai la scheda "recensioni". Da qui vai sulla barra dell'indirizzo del browser, seleziona tutto, copia l'indirizzo ed incollalo da qualche parte (ad esempio dentro al Blocco Note): quello sarà il link da inserire nel tuo codice QR.

Si, lo so: è un casino. Purtroppo l'interfaccia di Facebook è fatta malissimo e cambia continuamente. Quella che ti ho riportato sopra è l'unica procedura possibile.

OTTENERE IL LINK PER LE RECENSIONI TRIPADVISOR

Per ottenere il link devi usare un PC (anche in questo caso non è possibile usare l'app), andare sulla pagina del tuo ristorante, cliccare sul tasto "scrivi una recensione" e copiare il link dalla barra dell'indirizzo del browser.

Nel centro gestione (`tripadvisor.it/Owners`) di Tripadvisor puoi trovare del materiale pubblicitario gratuito. Inoltre puoi creare un Widget (ovvero un rettangolino) simile a quello della figura 7.

E' pensato apposta per rimediare il più possibile alla pigrizia degli utenti, perché consente di lasciare una recensione senza abbandonare la pagina (quindi facendo un click in meno). Non puoi inserire un Widget dentro ad un codice QR: ti ho indicato questa possibilità perché è utile se hai il tuo sito web. Il numero di recen-

Figura 7

sioni che ti verranno lasciate dipenderà ovviamente da quanto è visitato il tuo sito.

COME NON RACCOGLIERE LE RECENSIONI

Ti consiglio caldamente di non fidarti dei siti che vendono recensioni su Tripadvisor o follower su Facebook. Queste piattaforme usano algoritmi avanzatissimi per rivelare gli abusi. E funzionano benissimo: il fatto che una cosa sia gestita in automatico da un computer non vuol dire che funzioni male. Tutt'altro: questi sistemi funzionano spesso anche meglio dei controlli manuali da parte degli esseri umani. Non barare: non ti conviene.

Ti riporto anche un paio di pessimi metodi per raccogliere le recensioni.

Metodo 1: chiedere recensioni a parenti ed amici. Si, grazie a questo sistema raccogli subito una manciata di buone recensioni, preziosissime soprattutto se sei all'inizio. Però rischi che gli utenti si accorgano che le recensioni non sono autentiche. Inoltre Tripadvisor ha un sistema dedicato al rilevamento di questo tipo di recensioni che è molto avanzato. Rischi di incorrere in penalizzazioni se si dovessero accorgere che stai barando.

Metodo 2: offrire uno sconto immediato alla cassa in cambio di una recensione. E' altamente probabile che il cliente accetti, purché lo sconto sia sufficientemente alto. Devi però necessariamente verificare che l'utente abbia inserito la recensione facendotela mostrare. In questo modo raccoglierai solo recensioni positive, poco rilevanti e con un testo corto. Tripadvisor vieta espressamente questo tipo di pratica ed anche in questo caso è abbastanza bravo a riconoscere questo tipo di recensioni.

DOVE RACCOGLIERE LE RECENSIONI

Ora che hai un'idea di come fare (e non fare) a raccogliere le recensioni ti dò un suggerimento sul dove farlo. Ti conviene puntare su Tripadvisor: spunta fra i primi posti nelle ricerche Google. Potrai raccogliere le recensioni su Google e Facebook in momenti successivi, magari per ottimizzare le recensioni che compaiono su queste altre piattaforme.

Se ad esempio hai già un punteggio ottimale su Facebook ma un cliente psicopatico ti diffama e non hai modo di far rimuovere la sua recensione, ti conviene dirottare il tuo "sistema di raccolta delle recensioni" su Facebook per dare un'aggiustata al punteggio. Una volta sistemato l'intoppo potrai tornare a concentrarti su Tripadvisor.

La cosa fondamentale da capire è che devi avere il controllo del tuo "sistema di raccolta delle recensioni." Devi poterlo sempre calibrare a seconda delle tue esigenze ed in funzione del raggiungimento del tuo obiettivo: 4 pallini e mezzo, 4 stellette e mezzo o un numero compreso tra 4,5 e 5.

COSA FARE QUANDO RICEVI UNA RECENSIONE NEGATIVA

Quando ti viene lasciata una recensione negativa devi innanzitutto prendere un bel respiro e cercare di rimanere lucido/a.

__Non gestire MAI una recensione negativa se sei arrabbiato/a!__

La rabbia non fa vedere le cose in maniera obiettiva. Se sei arrabbiato/a non sarai in grado di valutare le cose in maniera oggettiva. Prima di reagire devi calmarti. Esci, fai una camminata o rimanda al giorno dopo ma **non agire d'impulso**.

Dopo che ti sarai calmato/a, leggi la recensione con distacco cercando di comprendere il punto di vista del cliente. Valuta attentamente se puoi trarne uno spunto per individuare e correggere un eventuale problema della tua attività. Ti faccio un paio di esempi: sono recensioni vere delle quali ho modificato il testo per impedire di risalire all'attività per il quale sono state lasciate.

Esempio 1: il ristorante di pesce "senza menù"

"Ho apprezzato l'accoglienza, siamo arrivati quasi in chiusura e ci hanno fatto accomodare lo stesso. Però quasi subito ho capito cosa stava per accadere: un salasso ingiustificato. Non c'è possibilità di consultare il menù, la tecnica che usano è far vedere il pesce fresco per poi prezzarlo a loro piacimento. Abbiamo preso due primi di pesce spacciati nella ricevuta come gamberi rossi ma in realtà piccole mazzancolle. Due secondi, mezzo chilo di ricciola nel conto, nel piatto una guarnizione offerta come contorno a prezzi sbalorditivi. Una bottiglia calda di vino mediocre. Conto finale

di 170 euro. I prodotti erano freschissimi ma vi consiglio di ricevere informazioni esatte riguardo ai prezzi dei prodotti. Molto deludente."

Tutte le recensioni negative sono sulla stessa falsariga. Il problema è abbastanza evidente: il locale è sicuramente situato in un luogo di passaggio, quindi i clienti non ci arrivano dopo aver consultato Tripadvisor. Non viene mostrato il menù ed il cliente non sa il prezzo di quello che ordina finché non riceve il conto. Il ristorante ha un punteggio di 3 pallini su 5. Il gestore può stare certo che molti di quelli che ci vanno a mangiare di sicuro non torneranno mai più.

Esempio 2: la pizzeria col personale scortese

"Ci avevo già mangiato 6 anni fa rimanendo esterrefatto dalla maleducazione del personale, che fra le altre cose ci fece attendere più di due ore. Dopo numerose segnalazioni ci dico-

no di essersi "dimenticati di noi". Dopo questa risposta mi sono alzato e me ne sono andato ripromettendomi di non rimetterci piede mai più. Dopo qualche anno ho deciso di tornarci scoprendo che non era cambiato proprio niente. Il personale ci ha quasi completamente ignorati rispondendo sgarbatamente ad ogni nostro sollecito. Il cibo è arrivato dopo più di un'ora. Ad essere onesti devo dire che non era malissimo. Abbiamo chiesto la torta che avevamo portato, con tanto di candeline. Le candeline non sono mai arrivate e dopo aver chiesto dove fossero ci è stato risposto che le avevano perse. Non si sono nemmeno scusati. Se volete passare una serata a sentirvi trattati da schifo questo è il vostro posto ideale."

Ecco un caso eclatante di cattiva gestione. Questo locale ha un punteggio di 3 pallini e mezzo e decine di altre recensioni che lamentano la stessa cosa: la scortesia del personale.

Quelli che ti ho appena riportato sono casi limite ma non sono situazioni rare da trovare. Queste due attività hanno deciso di adottare l'approccio dello struzzo: se ne fregano e continuano ad essere scortesi e ad operare pratiche scorrette nei confronti dei clienti. Non curano la propria immagine su internet e non si prendono nemmeno la briga di rispondere alle recensioni negative. In realtà anche se si decidessero a farlo ci impiegherebbero mesi (forse anni) a migliorare la propria immagine.

Come ti ho già accennato, sta a te decidere cosa fare: puoi fare come il proprietario dell'ostello e pretendere che sia il cliente a doversi adattare alla scortesia ed al fatto di essere spennati. Oppure puoi accettare il fatto di non avere il locale perfetto e scegliere di migliorarti per offrire ai clienti un luogo piacevole in cui mangiare e bere.

QUALI RECENSIONI PUOI SEGNALARE

Facebook, Google e Tripadvisor offrono la possibilità di segnalare (non rimuovere direttamente) un qualunque contenuto che non rispetti le loro linee guida, comprese le recensioni.

Purtroppo non puoi mai dare per scontato che una recensione venga rimossa dopo che l'hai segnalata. Il modo migliore per mantenere una reputazione ottimale su internet è risolvere i problemi ed evitare a priori che ti vengano lasciate recensioni negative. È per questo che insisto tanto su questo punto.

Non puoi segnalare le due recensioni di poco fa: sono utili per i clienti e per il gestore del locale (purché dotato della giusta apertura mentale). Non puoi tentare di farle rimuovere solo perché vuoi fare lo struzzo e ti danno fastidio.

Puoi però segnalare le recensioni "inappropriate". Cosa vuol dire esattamente? Una recensione è "inappropriata" quando viola le linee guida di un determinato portale. Purtroppo però nella maggior parte dei casi queste linee guida sono:

- **Ambigue**: non si capisce in maniera chiara quando un contenuto possa essere considerato non conforme

- **Inconsistenti**: capita che vengano rimosse recensioni che rispettano le linee guida e lasciate recensioni che non le rispettano

Perché? Semplice: è assolutamente impossibile essere consistenti quando si ha a che fare con milioni di recensioni. È anche impossibile scrivere linee guida che vadano bene per tutti. I portali fanno quello che possono ma non sono in grado di gestire in modo uniforme una tale marea di dati.

QUALI RECENSIONI PUOI SEGNALARE

Facebook, Google e Tripadvisor offrono la possibilità di segnalare (non rimuovere direttamente) un qualunque contenuto che non rispetti le loro linee guida, comprese le recensioni.

Purtroppo non puoi mai dare per scontato che una recensione venga rimossa dopo che l'hai segnalata. Il modo migliore per mantenere una reputazione ottimale su internet è risolvere i problemi ed evitare a priori che ti vengano lasciate recensioni negative. È per questo che insisto tanto su questo punto.

Non puoi segnalare le due recensioni di poco fa: sono utili per i clienti e per il gestore del locale (purché dotato della giusta apertura mentale). Non puoi tentare di farle rimuovere solo perché vuoi fare lo struzzo e ti danno fastidio.

Puoi però segnalare le recensioni "inappropriate". Cosa vuol dire esattamente? Una recensione è "inappropriata" quando viola le linee guida di un determinato portale. Purtroppo però nella maggior parte dei casi queste linee guida sono:

- **Ambigue**: non si capisce in maniera chiara quando un contenuto possa essere considerato non conforme

- **Inconsistenti**: capita che vengano rimosse recensioni che rispettano le linee guida e lasciate recensioni che non le rispettano

Perché? Semplice: è assolutamente impossibile essere consistenti quando si ha a che fare con milioni di recensioni. È anche impossibile scrivere linee guida che vadano bene per tutti. I portali fanno quello che possono ma non sono in grado di gestire in modo uniforme una tale marea di dati.

In linea generale però puoi considerare una recensione come inappropriata nei seguenti casi:

- Se si riferisce ad una gestione precedente

- Se include link o proposte commerciali

- Se contiene parolacce, insulti o minacce

- Se esprime odio razziale o verso minoranze etniche

- Se è troppo vecchia

- Se non si riferisce al tuo locale

- Se vengono menzionati nomi e cognomi

- Se contiene testo copiato da internet o da altre recensioni

- Se contiene termini tecnici specifici della ristorazione (questo perché potrebbe essere stata lasciata da un tuo concorrente per farti penalizzare)

Devi anche considerare i profili degli utenti che ti hanno lasciato le recensioni. Su Facebook e Google il nome e cognome del recensore è sempre visibile. Se un utente ha una sola recensione all'attivo, un nome palesemente falso e magari un'immagine del profilo che contiene una foto di stock presa da internet è altamente probabile che la sua recensione venga rimossa, perché il profilo non è attendibile.

Ecco qualche esempio di recensione che puoi sicuramente segnalare per la rimozione. Sono esempi basati su casi veri che ho scovato sul web (al solito, ho modificato il testo per impedire di risalire alla struttura per la quale sono state lasciate).

Esempio 1: *"La pizza ghiottona che ci hanno portato era immangiabile, mi ha lievitato in pancia per 4 giorni"*

Se non hai la pizza ghiottona nel menù puoi segnalare la recensione come appartenente ad un altro locale o ad una gestione precedente.

Esempio 2: "*Ottima pizza! Per provare la migliore pizzeria della zona vai su w w w p i z z e r i a c o n c e t t a punto com*"

Questo è spam. Il recensore sta tentando di inserire un link e di imbrogliare il sistema di rilevamento automatico degli stessi.

Esempio 3: "*Quel deficiente di cameriere ci ha rovesciato addosso la pizza e non si è nemmeno scusato. La prossima volta faccio una strage*"

Contiene insulti e minacce.

Esempio 4: "*Sono dei ca****i, ci hanno portato la pasta dopo un'ora e mezzo*"

Anche se il recensore ha usato gli asterischi,

questa recensione contiene una parolaccia.

Esempio 5: "*Kebabbaro gestito da zingari in maniera pessima*"

Questa recensione contiene una manifestazione di odio contro gli zingari.

Esempio 6: "*Ad oggi (agosto 2003) ancora non si sono decisi a migliorare l'igiene del posto*"

Questa recensione è troppo vecchia.

Esempio 7: "*Il gestore, Fabrizio Bianchi, ci ha trattato sgarbatamente malgrado l'ordine sia arrivato in ritardo e freddo*"

E' vietato fare nomi e cognomi.

Esempio 8: "*Non sono conformi ad HACCP. Pesce porzionato male. Coperti sbagliati (la forchetta era a destra)*"

È altamente probabile che questa recensione sia stata scritta da un ristoratore tuo rivale: contiene troppi termini tecnici.

Ora passiamo alla parte pratica: ti spiegherò come segnalare le recensioni inappropriate su Google, Facebook e Tripadvisor.

SEGNALARE LE RECENSIONI GOOGLE

Puoi segnalare una recensione inappropriata dal tuo smartphone usando l'app Google My Business. Aprila e tocca il tasto "clienti" in basso: ti compariranno tutte le recensioni ricevute (vedi figura 8). Per segnalare una recensione, toccala e poi tocca sui tre pallini in alto a destra: ti comparirà un menù contenente la voce "segnala come inappropriata" (vedi figura 9).

Se tocchi sul tasto di segnalazione si aprirà il browser del cellulare. Google ti chiederà di inserire le tue credenziali di accesso (a meno che tu non sia già autenticato/a sul tuo cellulare, il che è altamente probabile) e ti porterà ad un modulo attraverso il quale potrai motivare la tua richiesta. La procedura da seguire dal PC è praticamente la stessa: basta collegarsi al sito Google My Business.

"Ma perché Google mi fa uscire dall'app per

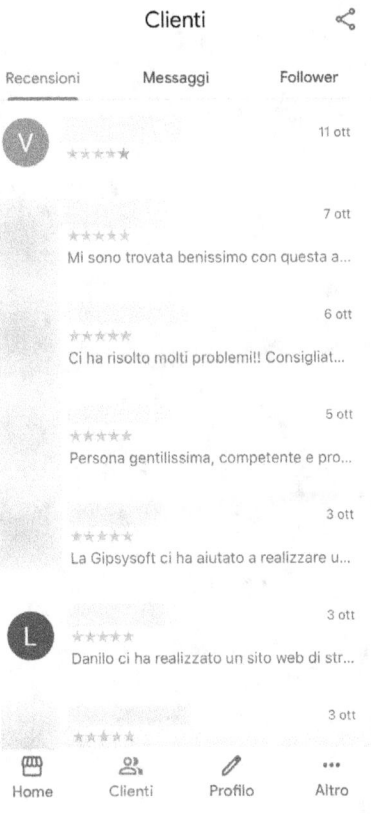

Figura 8

rimandarmi ad un'altra pagina web? Non sarebbe meglio dare la possibilità di segnalare la recensione direttamente da dentro l'app?" Se hai pensato questa frase, sappi che concordo con te al 100%. Possano scannarmi vivo se conosco il motivo per cui Google ha messo in pie-

Figura 9

di una procedura così poco sensata.

SEGNALARE LE RECENSIONI FACEBOOK

Le recensioni negative su Facebook presentano un aspetto alquanto grottesco: questa piattaforma consente l'inserimento di recensioni senza testo. Questo vuol dire che qualcuno potrebbe non raccomandare la tua attività senza inserire alcuna motivazione (vedi figura 10).

Secondo me non ha alcun senso: recensioni del genere non aiutano né il gestore del locale a migliorarsi né gli utenti a scegliere. Puoi provare a segnalarle come inappropriate ma, come ti ho già spiegato, non c'è alcuna garanzia che vengano rimosse.

Per segnalare una qualunque recensione inappropriata devi:

- Cliccare o toccare i tre pallini in alto a destra

- Cliccare o toccare "Trova assistenza o se-

Figura 10

gnala il consiglio"

- Scegliere un motivo tra quelli che Facebook ti suggerisce. Se la recensione non ha un testo ti consiglio di provare ad usare "feedback non pertinente" o "feedback ingiusto".

Se la recensione non viene rimossa puoi provare a contattare la persona che te l'ha lasciata, chiarire la situazione ed invitarlo con la dovuta calma e gentilezza a rimuoverla. Più avanti vedremo quale stile di comunicazione conviene adottare coi clienti insoddisfatti e nelle risposte alle recensioni negative.

SEGNALARE LE RECENSIONI TRIPADVISOR

Richiedere la rimozione di una recensione inappropriata da Tripadvisor è semplicissimo: basta fare la login col tuo account da proprietario, andare alle recensioni e cliccare sulla bandierina in basso a destra. Ti comparirà una finestra nella quale potrai specificare il motivo della tua richiesta di rimozione (vedi figura 11).

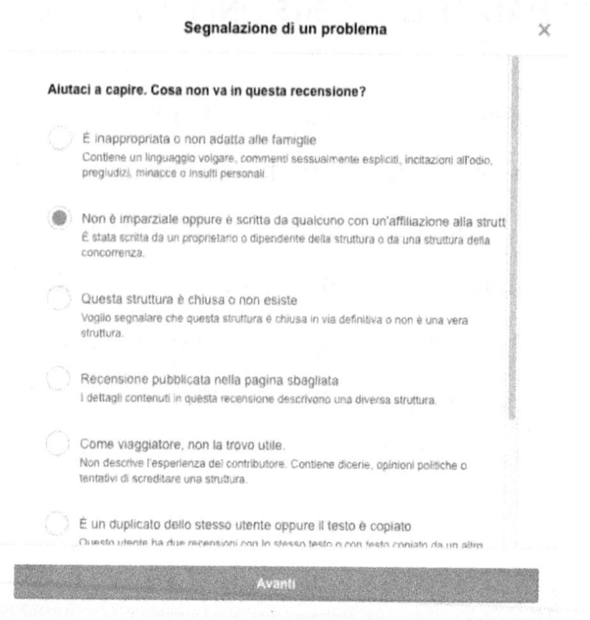

Segnalazione di un problema ×

Aiutaci a capire. Cosa non va in questa recensione?

○ È inappropriata o non adatta alle famiglie
 Contiene un linguaggio volgare, commenti sessualmente espliciti, incitazioni all'odio, pregiudizi, minacce o insulti personali.

● Non è imparziale oppure è scritta da qualcuno con un'affiliazione alla strutt
 È stata scritta da un proprietario o dipendente della struttura o da una struttura della concorrenza.

○ Questa struttura è chiusa o non esiste
 Voglio segnalare che questa struttura è chiusa in via definitiva o non è una vera struttura.

○ Recensione pubblicata nella pagina sbagliata
 I dettagli contenuti in questa recensione descrivono una diversa struttura.

○ Come viaggiatore, non la trovo utile.
 Non descrive l'esperienza del contributore. Contiene dicerie, opinioni politiche o tentativi di screditare una struttura.

○ È un duplicato dello stesso utente oppure il testo è copiato
 Questo utente ha due recensioni con lo stesso testo o con testo copiato da un altro

Avanti

Figura 11

RISPONDERE ALLA RECENSIONI NEGATIVE

Eccoci arrivati alla parte cruciale di questo manuale. La "battaglia" (che poi battaglia non è) tra clienti e ristoratori si svolge tutta qui, nelle risposte alle recensioni negative.

È la parte che devi curare meglio in assoluto. È altamente probabile che un cliente legga le recensioni negative che riguardano il tuo locale prima di decidere se mettervi piede o meno. Ti assicuro che presterà un'attenzione enorme alle tue risposte.

Tutto conta: ortografia, grammatica, stile comunicativo e parole usate. Ecco un elenco di linee guida da seguire quando darai la tua risposta.

- Mantenere la calma. Te l'ho già detto prima ma lo ribadisco per sicurezza. La rabbia ottunde la mente e non ti fa vedere le cose in maniera oggettiva. Per rispondere correttamente devi essere nel giusto stato mentale

- Dai del tu al recensore e chiamalo per nome (se il suo nome è disponibile). Hai notato che ti sto dando del tu dall'inizio del libro? Il "voi" ed il "noi" creano distanza. Tu vuoi dare l'idea di essere vicino ai tuoi clienti e non distante, chiuso nella tua torre d'avorio. Inoltre su internet darsi del tu è la prassi, rischieresti di essere percepito come obsoleto se non lo fai

- Metti da parte il tuo punto di vista, perché non conta nulla. L'unico punto di vista che conta è quello dei tuoi clienti. Analizza i fatti in modo obiettivo. Se puoi, fai leggere la recensione a qualcun altro (qualcuno che non lavori nel tuo locale) e chiedigli un parere

- NON USARE MAI IL MAIUSCOLO, nemmeno per evidenziare solo DUE O TRE PA-

ROLE. Scrivere in maiuscolo su internet equivale ad urlare. Se usi il maiuscolo verrai percepito come un cafone, uno di quelli che urlano perché non sono in grado di opporre argomenti validi

- Cura grammatica ed ortografia! Sono aspetti importantissimi. Le tue risposte devono essere scritte in italiano corretto, altrimenti passerai per ignorante e perderai parecchi punti agli occhi di chi ti legge. E' accettabile che ci siano un paio di errori di ortografia ma non che vengano usati tempi verbali scorretti o strafalcioni eclatanti

- Rispondi a tutte le recensioni negative prima che puoi. Devi far capire a chi ti legge che tieni ai tuoi clienti ed ai loro pareri. Se hai 30 recensioni negative ed hai già risposto correttamente a 28 di esse non ha molta importanza che tu risponda alle ultime due con urgenza: valuta a seconda della tua situazione. Sarebbe meglio cercare di rispondere al massimo entro 3 o 4 giorni

- Scusati col cliente e ringrazialo per averti lasciato una recensione. L'orgoglio potrebbe impedirti di farlo, specialmente se la recensione è molto critica. Tieni presente però che se sta li vuol dire che è appropriata, altrimenti ne avresti già richiesto la rimozione. Le recensioni negative ed appropriate ti servono come spunto per migliorare, ricordi? E' questo che il cliente dovrà capire leggendo la tua risposta

- Dimostra al cliente di aver capito il suo problema e fornisci una soluzione (sia essa già implementata o da mettere in atto in un immediato futuro)

- Chiudi con un invito a tornare al tuo locale, magari offrendo un piccolo sconto o un omaggio. Dimostrerai empatia e disponibilità

COME NON RISPONDERE ALLE RECENSIONI NEGATIVE

Vediamo invece quali sono le cose che non devi fare:

- Insultare il cliente o minacciarlo. Purtroppo si leggono in giro per il web tantissime risposte di gestori che mandano a quel paese i clienti. Comprendo lo stress del portare avanti un locale e la rabbia verso un cliente iper critico ma se rispondi in modo inappropriato passerai per un cafone. Inoltre anche i clienti possono segnalare risposte inappropriate: rischi penalizzazioni o la chiusura dei tuoi account

- Giustificarti, ad esempio scrivendo "puoi verificare dalle altre recensioni che normalmente il servizio è ineccepibile". A chi ti legge non frega nulla della normalità: vogliono sapere se il problema c'è stato davvero, se lo hai risolto e come

- Non assumerti la responsabilità di quanto avvenuto. Se un cliente ti lascia una recensione negativa perché c'era troppo rumore non puoi scaricare la colpa sulla comitiva che era seduta al tavolo accanto: la responsabilità di quanto succede nel tuo locale agli agli occhi del è cliente unicamente tua

ESEMPI DI RISPOSTE A RECENSIONI NEGATIVE

Ecco un elenco di recensioni vere (al solito modificate per impedire che si possa risalire alla struttura per la quale sono state lasciate). Per ognuna di esse ti riporterò la risposta del gestore, i motivi per cui è sbagliata ed un esempio di risposta corretta.

Esempio 1

Da Marco - *"Personale e staff molto scortesi. La qualità del cibo pessima. Il pesce non è fresco ed i prezzi sono alle stelle come in un ristorante di lusso, cosa che non è per nulla."*

Risposta del gestore

"Lei ha davvero molta fantasia. Il cibo pessimo è quello che mangiate dai vostri congelatori. Quando uscite a cena non siete più in grado di distinguere il cibo eccellente! Non commen-

terò nemmeno sullo "staff" perché a noi piace chiamarci "padroni di casa" senza sfronzoli! Siamo cari e non e' una novità. Potete pure stare a casa vostra se non siete in grado di-stinguere le vostre schifezze dal vero cibo! Due parole per tutti i fenomeni che con il POLLICE IN ALTO rendono utile questa recensione: fate schifo"

Cosa non va nella risposta

- E' stata scritta da una persona arrabbiata

- Insulta velatamente il cliente dicendo di fatto che ha dichiarato stupidaggini

- Afferma che il cliente è abituato a mangiare schifezze e che per questo non è in grado di riconoscere il "vero cibo" (il suo)

- Cosa sono gli "sfronzoli"?

- Esorta chiunque non sia in grado di riconoscere il buon cibo (ovviamente il suo) a stare alla larga dal suo locale

- Manda al diavolo chiunque abbia messo il pollice in su alla recensione. Se molti mettono il pollice in su, la recensione viene identificata come utile e tende a comparire prima. Al gestore la cosa ovviamente non piace e non ha remore ad esternare la cosa pubblicamente

Tu andresti a mangiare in un posto del genere? Io onestamente no. Questo è un esempio eclatante di risposta da non dare ad un cliente. Andrebbe stampata e tenuta accanto al tuo computer come utile promemoria sul come non rispondere ad una recensione.

Esempio di risposta corretta

Intanto va detto che questa recensione può essere segnalata. E' altamente probabile che venga rimossa perché non è molto utile: il cliente fa solo affermazioni generiche, non argomentate. Il gestore avrebbe fatto meglio a segnalarla piuttosto che a rispondere in quel modo tremendo. Ecco comunque un esempio di risposta corretta (da dare il prima possibile e quando non sei arrabbiato/a):

"Ciao Marco. Grazie per aver condiviso il tuo punto di vista. Ci dispiace che tu abbia avuto una brutta esperienza nel nostro locale. La tua recensione non contiene alcuno spunto utile per noi: hai affermato che siamo scortesi e che il pesce non è fresco ma non hai indicato il motivo per cui fai queste affermazioni. Se lo desideri ci puoi contattare per spiegarci meglio quali sono stati i tuoi problemi, in modo da capire come possiamo fare a migliorarci. Speriamo di rivederti presto nel nostro ristorante. Se tornerai potrai condividere con noi le tue impressioni dal vivo."

Questa risposta ribalta completamente le cose a favore del gestore. Rispondendo in questo modo esprime perplessità sulle scarse argomentazioni fornite dal cliente, suggerendo l'idea che possa essere falsa. Allo stesso tempo però mostra riguardo nei confronti della clientela, perché invita il cliente a fornire maggiori informazioni per poter migliorare le cose.

Esempio 2

Da Giovanni - *"Sono stato in questo locale con alcuni amici prenotando prima il tavolo. Quando siamo arrivati ci hanno detto in modo poco elegante che avevamo solo un'ora per mangiare la pizza perché il tavolo era prenotato. Il personale è stato scortese, frettoloso e pressante. Al momento del dessert ci hanno ribadito che il tavolo doveva essere liberato a breve. Ingredienti di scarsa qualità. Fortemente sconsigliato"*

Risposta del gestore

"Riguardo all'orario molto dipende dalla puntualità dei clienti. Alle tavolate numerose diamo 1 ora e mezza 2 ore di tempo in più. Se vi presentate con 30/45 minuti di ritardo è ovvio che va a scapito del tempo a disposizione. Per quello che dici sulla scarsa qualità degli ingredienti qui mi infastidisce non poco. Ne va della mia professionalità e tale affermazione mi ferisce personalmente per il lavoro e il sacrificio che metto in tutto quello che faccio per il bene della mia attività. Per la scortesia se c'è stata ho provveduto a farlo presente alle cameriere perché predico sempre cortesia. Vi chiedo scusa se sono mancate. Non ho mai risposto ma mi sono sentito di farlo anche a riguardo dei passati e futuri clienti. Grazie e avrei avuto il piacere di parlarti direttamente ma forse è più facile scrivere"

Cosa non va nella risposta

Come risposta devo dire che non è malaccio. Ringrazia il cliente, fornisce una spiegazione adeguata e dimostra attenzione. Quello che non funziona molto è la comprensibilità: non è facile da leggere a causa di periodi sconnessi, si capisce che è stata scritta di fretta da un cellulare. Nulla di grave, come risposta va benissimo ma può essere migliorata molto con pochi accorgimenti.

Esempio di risposta corretta

"Ciao Giovanni. Grazie per la tua recensione. Il sabato gestiamo le prenotazioni su due turni: il primo va dalle 20 alle 21:30 ed il secondo dalle 21:30 in poi. Voi vi siete presentati con un ritardo di quasi un'ora, quindi il nostro personale ve lo ha fatto presente all'arrivo. Probabilmente non vi è stato riferito in fase di prenotazione il funzionamento su due turni. Se è così ci scusiamo con te per l'inconveniente. Credo che tu ci sia rimasto male all'inizio

quando ti è stato detto che vi restavano solo 40 minuti per mangiare e che questo abbia influenzato negativamente il tuo giudizio, compreso quello sulla bontà dei nostri ingredienti o sulla cortesia del nostro personale. Saremo lieti di ospitarti di nuovo se vorrai darci un' altra possibilità."

Esempio 3

Da rosamaria.maggio.81 - *"Mai stata peggio dopo un pasto al ristorante. Il crudo era cattivissimo, oserei dire immangiabile. Quel poco che sono riuscito a mangiare mi è tornato su per tutto il giorno. Ottimi invece i dolci."*

Risposta del gestore

"Signora rosamaria.maggio.81, contrariamente a come rispondo di solito non la ringrazio della visita perché sono sicurissimo che non è stata a cena da noi. La sua recensione è falsa e le spiego perché: NON È MAI TORNA-

TO INDIETRO UN CRUDO a cui non avessero fatto i complimenti. Di crudi non se ne fanno molti e quelli fatti me li ricordo tutti. Curiamo i crudi con la massima attenzione. Una recensione sua molto simile è arrivata anche al Ristorante Il Cipresso ed ho fatto 2+2 deducendo che le sue recensioni sono fasulle."

Cosa non va nella risposta

- Il nome della cliente è falso quindi non ha senso menzionarlo nella risposta

- Non ringrazia la cliente per la visita (anzi: praticamente la manda a quel paese)

- Usa maiuscole

- Dice di ricordarsi tutti i crudi che serve perché li ordinano in pochissimi ma poi afferma che la recensione è falsa

Esempio di risposta corretta

Anche qui va detto che questa recensione può tranquillamente essere segnalata come inappropriata in quanto è falsa (perlomeno stando a quanto dice il gestore). Il gestore ha scelto di rispondere ed in questo caso perlomeno ha evitato di usare parolacce e di insultare. Vediamo come rispondere in modo migliore:

"Grazie per la tua recensione. Ci dispiace molto che tu non abbia apprezzato il nostro crudo. Però ne serviamo pochissimi e me li ricordo tutti. Nessun cliente si è mai lamentato del fatto che fossero addirittura immangiabili. Se ci avessi detto cosa non andava avremmo potuto usare i tuoi suggerimenti per migliorare il nostro servizio, come è nostra abitudine fare. Saremo lieti, se lo vorrai, di ospitarti una seconda volta e di raccogliere il tuo parere."

VADEMECUM

Ecco un utile "riassunto pratico" da consultare all'occorrenza quando gestirai le recensioni della tua attività. Tienilo a portata di mano finché il tuo "sistema di raccolta delle recensioni" non sarà pienamente operativo.

I tuoi obiettivi:

- Ottenere 4 pallini e mezzo su Tripadvisor

- Ottenere 4 stellette e mezzo su Google

- Ottenere un punteggio compreso tra 4,5 e 5 su Facebook

- Rispondere a tutte le recensioni negative in un tempo ragionevole (massimo 72 ore)

Più mantieni questi obiettivi e più la tua immagine su internet si avvicinerà alla perfezione.

Passo 1: ottenere le pagine per il tuo locale

- Cerca su Google la tua attività. Se è già stata inserita rivendicala, altrimenti crea la pagina usando l'app o il sito Google my Business

- Cerca su Facebook la tua attività. Se esiste una pagina creata automaticamente rivendicala, altrimenti creane una nuova

- Cerca su Tripadvisor la tua attività. Se è già indicata rivendicala, altrimenti inseriscila come nuova attività

Passo 2: monitorare le pagine del tuo locale

E' preferibile usare sempre le app dedicate fornite da ciascun portale: in tal modo potrai ricevere una notifica sul cellulare ogni volta che un cliente ti lascia una recensione.

- **Google**: installa l'app Google my Business

- **Facebook**: installa (se non ce l'hai già) l'app di Facebook oppure l'app Business Manager fornita da Facebook

- **Tripadvisor**: scarica l'app di Tripadvisor

Passo 3: raccogliere le recensioni

RICORDA: Tripadvisor proibisce le recensioni incentivate (lasciate ad esempio in cambio di sconti)

Metodi da utilizzare:

1. Inviare una mail al cliente e promettere uno sconto dopo che ha lasciato una recensione (difficile da rilevare per Tripadvisor, metodo da usare con parsimonia)

2. Chiedere al cliente di lasciare una recensione quando è in cassa a pagare, possibilmente usando un biglietto da visita con un codice QR

3. Inserire un promemoria nel menu, nel porta conto o sullo scontrino, possibilmente usando un codice QR

Metodi da NON utilizzare:

1. Chiedere recensioni a parenti ed amici

2. Offrire uno sconto immediato alla cassa

Passo 4: migliorare la tua attività

Leggi le recensioni negative ed usale per individuare e correggere i problemi dei clienti.

RICORDA: Il tuo punto di vista non conta. Conta solo quello dei clienti.

Passo 5: rimuovere le recensioni inappropriate

Una recensione è inappropriata se:

- Si riferisce ad una gestione precedente

- Include link o altri tipi di spam

- Contiene parolacce, insulti o minacce

- Esprime odio razziale

- E' troppo vecchia

- Non si riferisce alla tua attività

- Cita nomi e cognomi

- Contiene testo copiato in rete

- Contiene termini tecnici specifici della ristorazione

Esempio di recensione inappropriata:

"Pessimo. Quel deficiente di cameriere zingaro ci ha rotto i co*****i per tutta la serata con la sua incompetenza. Il proprietario, Mario Bianchi, si merita due cazzotti in faccia. Per provare la migliore pizzeria della zona vai su w w w p i z z e r i a c o n c e t t a punto com!"

Ok, ho esagerato un po'. Si tratta ovviamente solo di un esempio poco realistico.

Passo 5: rispondere correttamente alle recensioni negative

Esempio di **<u>risposta da non dare</u>** (da tenere sempre presente):

"Lei ha davvero molta fantasia. Il cibo pessimo e' quello che mangiate dai vostri congelatori. Quando uscite a cena non siete più in grado di distinguere il cibo eccellente! Non commenterò nemmeno sullo "staff" perché a

noi piace chiamarci "padroni di casa" senza sfronzoli! Siamo cari e non e' una novità. Potete pure stare a casa vostra se non siete in grado distinguere le vostre schifezza dal vero cibo! Due parole per tutti i fenomeni che con il POLLICE IN ALTO rendono utile questa recensione: fate schifo"

Regole per una risposta corretta:

1. Non rispondere a caldo. Fai passare la rabbia

2. Dai del tu al recensore

3. Se disponibile menziona il nome del recensore

4. Analizza i fatti in modo obiettivo

5. Non usare mai il maiuscolo

6. Usa un italiano corretto dal punto di vista

grammaticale ed ortografico

7. Rispondi al massimo entro 72 ore

8. Scusati per l'inconveniente

9. Ringrazia il cliente per aver lasciato la recensione

10. Dimostra empatia per il problema manifestato dal cliente

11. Invita il cliente a tornare nel tuo locale

Schema di risposta corretta:

Ciao **[nome del recensore, se disponibile]**. Grazie per aver condiviso con noi il tuo punto di vista. Ci dispiace che tu abbia avuto una brutta esperienza nel nostro locale.

[Spiegazione del perché si è verificato il

problema]

[Soluzione al problema]

Speriamo di rivederti presto qui da noi. Saremo a tua disposizione per ascoltare i consigli che vorrai darci per migliorare.

Questo schema è solo una proposta. Ti consiglio di creare il tuo schema usando lo stile che preferisci.

CONCLUSIONI

Questo manuale nasce dall'analisi di moltissime recensioni negative, lette nel corso di almeno 10 anni. Sono un informatico, quindi ricettivo nei riguardi delle novità tecnologiche. Sono però anche molto critico: non accolgo sempre positivamente tutte le novità. Nel caso dell'esplosione del business delle recensioni la mia accoglienza è stata ottima: l'idea delle recensioni mi è piaciuta subito perché ha fornito alla gente la possibilità di evitare fregature da parte di attività poco oneste. Ha anche generato cose brutte: sono rimasto esterrefatto quando ho scoperto che alcuni clienti hanno tentato di estorcere sconti a delle strutture minacciando di lasciare una recensione negativa.

Compro molto spesso online. Non me ne vogliate: acquistare online è più comodo e si spende generalmente di meno. Prima di acquistare controllo sempre (come tutti) le informazioni più obiettive che trovo a disposizione: le recensioni di altri acquirenti.

Ho scoperto di essermi formato in testa un'idea chiarissima di come dovrebbe apparire su internet un'attività affinché io mi convinca ad acquistare qualcosa. Avendo io stesso un'attività ho usato questo schema per ottimizzare le recensioni che mi vengono lasciate. Ho anche scoperto che basta davvero poco ad ottenere una buona immagine su internet: è sufficiente solo evitare errori grossolani e prestare un po' di attenzione.

Questo libro non è altro che il "distillato" di questo mio schema mentale. Mi auguro che ti sia utile a raggiungere e soddisfare sempre più clienti.

Serve aiuto?

Ecco cosa posso fare per te:

- Analizzare la reputazione della tua attività su internet

- Aprire, rivendicare ed ottimizzazione le tue pagine aziendali su Tripadvisor, Google e Facebook

- Predisporre una strategia di lead generation ed email marketing

- Creare le tue campagne pubblicitarie su Facebook

- Creare il sito web o l'app della tua attività

Contattami subito senza impegno!

```
https://www.cosedicomputer.com/
   contatta-cose-di-computer/
```

Serve aiuto?

Ecco cosa posso fare per te:

- Analizzare la reputazione della tua attività su internet

- Aprire, rivendicare ed ottimizzazione le tue pagine aziendali su Tripadvisor, Google e Facebook

- Predisporre una strategia di lead generation ed email marketing

- Creare le tue campagne pubblicitarie su Facebook

- Creare il sito web o l'app della tua attività

Contattami subito senza impegno!

```
https://www.cosedicomputer.com/
   contatta-cose-di-computer/
```

Vuoi migliorare il tuo rapporto coi computer?

```
https://www.cosedicomputer.com/
prodotto/libro-informatica-di-
    base-per-principianti/
```

```
https://www.cosedicomputer.com/
prodotto/manuale-di-informatica-
      di-base-per-over-50/
```

www.ingramcontent.com/pod-product-compliance
Lightning Source LLC
Chambersburg PA
CBHW050243220526
45465CB00002B/524